Todos los libros de Linkgua Ediciones cuentan con modelos de Inteligencia Artificial entrenados por hispanistas. Pregúntale al chat de tu libro lo que desees acerca de la obra o su autor/a.

Para ebooks: Accede a nuestro modelo de IA a través de este enlace.

Para libros impresos: Escanea el código QR de la portada con tu dispositivo móvil.

Obtén análisis detallados de nuestros libros, resúmenes, respuestas a tus preguntas y accede a nuestras ediciones críticas generativas para una experiencia de lectura más enriquecedora.
La transparencia y el respeto hacia la autoría de las fuentes utilizadas son distintivos básicos de nuestro proyecto. Por ello, las respuestas ofrecen, mediante un sistema de citas, las fuentes con las que han sido elaboradas.

Rubén Darío

El triunfo de Calibán

Visiones de América

Barcelona 2024
Linkgua-edicion.com

Créditos

Título original: El triunfo de Calibán.

e-mail: info@linkgua.com

Diseño de cubierta: Michel Mallard

ISBN rústica ilustrada: 978-84-1126-787-8.
ISBN ebook: 978-84-9953-474-9.

Sumario

Brevísima presentación

La vida

Felix Rubén García Sarmiento (Rubén Darío) (San Pedro de Metapa, 1867-1916), Nicaragua.

Era hijo de Manuel García y Rosa Sarmiento, nació el 18 de enero de 1867. En 1881 escribió artículos para el periódico político La Verdad y poco después se fue a El Salvador y dio clases de gramática.

Regresó a Nicaragua en 1883 y hacia 1890 se casó en El Salvador con Rafaela Contreras, con la que tuvo un hijo, Rubén Darío Contreras. Ésta murió en 1893 y ese mismo año se casó con Rosario Murillo.

En 1892 Darío viajó a España, en nombre del gobierno de Nicaragua, para la celebración del 400 aniversario de la conquista de América. Un año más tarde, en 1893, empezó su carrera como diplomático en América y Europa y conoció en Madrid a Francisca Sánchez, quien fue por mucho tiempo su inspiración.

Durante años recorrió Europa enviado por el periódico La Nación. Volvió a Nicaragua en 1907 y fue recibido con honores y nombrado ministro residente en España. Vivió otra vez en Europa hasta 1915, año en que regresó a América invitado por el presidente de Guatemala.

Murió el 6 febrero de 1916 en Nicaragua.

La presente antología comprende algunas de las contradictorias visiones de América que tuvo Darío durante su vida.

El triunfo de Calibán

No, no puedo, no quiero estar de parte de esos búfalos de dientes de plata. Son enemigos míos, son los aborrecedores de la sangre latina, son los Bárbaros. Así se estremece hoy todo noble corazón, así protesta todo digno hombre que algo conserve de la leche de la Loba.

Y los he visto a esos yankees, en sus abrumadoras ciudades de hierro y piedra y las horas que entre ellos he vivido las he pasado con una vaga angustia. Parecíame sentir la opresión de una montaña, sentía respirar en un país de cíclopes, comedores de carne cruda, herreros bestiales, habitadores de casas de mastodontes. Colorados, pesados, groseros, van por sus calles empujándose y rozándose animalmente, a la caza del dollar. El ideal de esos calibanes está circunscrito a la bolsa y a la fábrica. Comen, comen, calculan, beben whisky y hacen millones. Cantan ¡Home, sweet home! y su hogar es una cuenta corriente, un banjo, un negro y una pipa. Enemigos de toda idealidad, son en su progreso apoplético, perpetuos espejos de aumento; pero su Emerson bien calificado está como Luna de Carlyle; su Whitman con sus versículos a hacha, es un profeta demócrata, al uso del Tío Sam; y su Poe, su gran Poe, pobre cisne borracho de pena y de alcohol, fue el mártir de su sueño en un país en donde jamás será comprendido. En cuanto a Lanier, se salva de ser un poeta para pastores protestantes y para bucaneros y cowboys, por la gota latina que brilla en su nombre.

«¡Tenemos —dicen— todas las cosas más grandes del mundo!» En efecto, estamos allí en el país de Brobdingnag: tienen el Niágara, el puente de Brooklyn, la estatua de la

Libertad, los cubos de veinte pisos, el cañón de dinamita, Vanderbilt, Gould, sus diarios y sus patas. Nos miran, desde la torre de sus hombros, a los que no nos ingurgitamos de bifes y no decimos all right, como a seres inferiores. París es el guiñol de esos enormes niños salvajes. Allá van a divertirse y a dejar los cheques; pues entre ellos, la alegría misma es dura y la hembra, aunque bellísima, de goma elástica.

Miman al inglés —but English you know?— como el parvenu al caballero de distinción gentilicia.

Tienen templos para todos los dioses y no creen en ninguno; sus grandes hombres como no ser Edison, se llaman Lynch, Monroe, y ese Grant cuya figura podéis confrontar en Hugo, en El año terrible. En el arte, en la ciencia, todo lo imitan y lo contrahacen, los estupendos gorilas colorados. Mas todas las rachas de los siglos no podrán pulir la enorme Bestia.

No, no puedo estar de parte de ellos, no puedo estar por el triunfo de Calibán.

Por eso mi alma se llenó de alegría la otra noche, cuando tres hombres representativos de nuestra raza fueron a protestar en una fiesta solemne y simpática, por la agresión del yankee contra la hidalga y hoy agobiada España.

El uno era Roque Sáenz Peña, el argentino cuya voz en el Congreso panamericano opuso al slang fanfarrón de Monroe una alta fórmula de grandeza continental, y demostró en su propia casa al piel roja que hay quienes velan en nuestras repúblicas por la asechanza de la boca del bárbaro.

Sáenz Peña habló conmovido en esta noche de España, y no se podía menos que evocar sus triunfos de Washington. ¡Así debe haber sorprendido al Blaine de las engañifas, con su noble elocuencia, al Blaine y todos sus algodoneros, tocineros y locomoteros!

En este discurso de la fiesta de La Victoria el estadista volvió a surgir junto con el varón cordial. Habló repitiendo lo que siempre ha sustentado, sus ideas sobre el peligro que entrañan esas mandíbulas de boa todavía abiertas tras la tragada de Tejas; la codicia del anglosajón, el apetito yankee demostrado, la infamia política del gobierno del Norte; lo útil, lo necesario que es para las nacionalidades españolas de América estar a la expectativa de un estiramiento del constrictor.

Solo una alma ha sido tan previsora sobre este concepto, tan previsora y persistente como la de Sáenz Peña: y esa fue —¡curiosa ironía del tiempo!— la del padre de Cuba libre, la de José Martí. Martí no cesó nunca de predicar a las naciones de su sangre que tuviesen cuidado con aquellos hombres de rapiña, que no mirasen en esos acercamientos y cosas panamericanas, sino la añagaza y la trampa de los comerciantes de la yankería. ¿Qué diría hoy el cubano al ver que so color de ayuda para la ansiada Perla, el monstruo se la traga con ostra y todo?

En el discurso de que trato he dicho que el estadista iba del brazo con el hombre cordial. Que lo es Sáenz Peña lo dice su vida. Tal debía aparecer en defensa de la más noble de las naciones, caída al bote de esos yangüeses, en defensa del desarmado caballero que acepta el duelo con el Goliat dinamitero y mecánico.

En nombre de Francia, Paul Groussac. Un reconfortante espectáculo el ver a ese hombre eminente y solitario, salir de su gruta de libros, del aislamiento estudioso en que vive, para protestar también por la injusticia y el material triunfo de la fuerza. No es orador el maestro, pero su lectura concurrió y entusiasmó, sobre todo al elemento intelectual de la concurrencia. Su discurso, de un alto decoro literario como todo lo suyo, era el arte vigoroso y noble ayudando a la justicia. Y [ha] de oírse decir: «¿Qué? ¿Es éste el hombre que devora vivas las gentes? ¿Este es el descuartizador? ¿Es éste el condestable de la crueldad?».

Los que habéis leído su última obra, concentrada, metálica, maciza, en que juzga al yankee, su cultura adventicia, su civilización, sus instintos, sus tendencias y su peligro, no os sorprenderíais al escucharle en esa hora en que habló después de oírse la Marsellesa. Sí, Francia debía de estar de parte de España. La vibrante alondra gala no podía sino maldecir el hacha que ataca una de las más ilustres cepas de la vena latina. Y al grito de Groussac emocionado: «¡Viva España con honra!» nunca brotó mejor de pechos españoles esta única respuesta: «¡Viva Francia!».

Por Italia el señor Tarnassi. En una música manzoniana, entusiasta, ferviente, italiana, expresó el voto de la sangre del Lacio; habló en él la vieja madre Roma, clarineó guerreramente, con bravura, sus decasílabos. Y la gran concurrencia se sintió sacudida por tan llameante «squillo di tromba».

Pues bien; todos los que escuchamos a esos tres hombres, representantes de tres grandes naciones de raza latina, todos pensamos y sentimos cuán justo era ese desahogo, cuán necesaria esa actitud y vimos palpable la urgencia de trabajar y luchar porque la Unión latina no siga siendo una fatamorgana del reino de Utopía, pues los pueblos, sobre las políticas y los intereses de otra especie, sienten, llegado el instante preciso, la oleada de la sangre y la oleada del común espíritu. ¿No veis como el inglés se regocija con el triunfo del norteamericano, guardando en la caja del Banco de Inglaterra, los antiguos rencores, el recuerdo de las bregas pasadas? ¿No veis como el yankee, demócrata y plebeyo, lanza sus tres ¡hurras! y canta el God save the Queen, cuando pasa cercano un barco que lleve al viento la bandera del inglés? Y piensan juntos: «El día llegará en que, los Estados Unidos e Inglaterra sean dueños del mundo».

De tal manera la raza nuestra debiera unirse, como se une en alma y corazón, en instantes atribulados; somos la raza sentimental, pero hemos sido también dueños de la fuerza. El Sol no nos ha abandonado y el renacimiento es propio de nuestro árbol secular.

Desde México hasta la Tierra del Fuego hay un inmenso continente en donde la antigua semilla se fecunda, y prepara en la savia vital, la futura grandeza de nuestra raza; de Europa, del universo, nos llega un vasto soplo cosmopolita que ayudará a vigorizar la selva propia. Mas he ahí que del Norte, parten tentáculos de ferrocarriles, brazos de hierro, bocas absorbentes.

Esas pobres repúblicas de la América Central ya no será con el bucanero Walker con quien tendrán que luchar, sino con los canalizadores yankees de Nicaragua; México está ojo atento, y siente todavía el dolor de la mutilación; Colombia tiene su istmo trufado de hulla y fierro norteamericano; Venezuela se deja fascinar por la doctrina de Monroe y lo sucedido en la pasada emergencia con Inglaterra, sin fijarse en que con doctrina de Monroe y todo, los yankees permitieron que los soldados de la reina Victoria ocupasen el puerto nicaragüense de Corinto; en el Perú hay manifestaciones simpáticas por el triunfo de los Estados Unidos; y el Brasil, penoso es observarlo, ha demostrado más que visible interés en juegos de daca y toma con el Uncle Sam.

Cuando lo porvenir peligroso es indicado por pensadores dirigentes, y cuando a la vista está la gula del Norte, no queda sino preparar la defensa.

Pero hay quienes me digan: «¿No ve usted que son los más fuertes? ¿No sabe usted que por ley fatal hemos de perecer tragados o aplastados por el coloso? ¿No reconoce usted su superioridad?». Sí, ¿cómo no voy a ver el monte que forma el lomo del mamut? Pero ante Darwin y Spencer no voy a poner la cabeza sobre la piedra para que me aplaste el cráneo la gran Bestia.

Behemot es gigantesco; pero no he de sacrificarme por mi propia voluntad bajo sus patas, y si me logra atrapar, al menos mi lengua ha de concluir de dar su maldición última, con el último aliento de vida. Y yo que he sido partidario de Cuba libre, siquier fuese por acompañar en su sueño a tanto soñador y en su heroísmo a tanto mártir, soy amigo de España en el instante en que la miro agredida por un enemigo brutal, que lleva como enseña la violencia, la fuerza y la injusticia.

«Y usted ¿no ha atacado siempre a España?» Jamás. España no es el fanático curial, ni el pedantón, ni el dómine infeliz, desdeñoso de la América que no conoce; la España que yo defiendo se llama Hidalguía, Ideal, Nobleza; se llama Cervantes, Quevedo, Góngora, Gracián, Velázquez; se llama el Cid, Loyola, Isabel; se llama la Hija de Roma, la Hermana de Francia, la Madre de América.

¡Miranda preferirá siempre a Ariel; Miranda es la gracia del espíritu; y todas las montañas de piedras, de hierros, de oros y de tocinos, no bastarán para que mi alma latina se prostituya a Calibán!

A Roosevelt

¡Es con voz de la Biblia, o verso de Walt Whitman,
que habría que llegar hasta ti, Cazador!
Primitivo y moderno, sencillo y complicado,
con un algo de Washington y cuatro de Nemrod.
Eres los Estados Unidos,
eres el futuro invasor
de la América ingenua que tiene sangre indígena,
que aún reza a Jesucristo y aún habla en español.

Eres soberbio y fuerte ejemplar de tu raza;
eres culto, eres hábil; te opones a Tolstoy.
Y domando caballos, o asesinando tigres,
eres un Alejandro-Nabucodonosor.
(Eres un profesor de energía,
como dicen los locos de hoy.)
Crees que la vida es incendio,
que el progreso es erupción;
en donde pones la bala
el porvenir pones.
No.

Los Estados Unidos son potentes y grandes.
Cuando ellos se estremecen hay un hondo temblor
que pasa por las vértebras enormes de los Andes.
Si clamáis, se oye como el rugir del león.
Ya Hugo a Grant le dijo: «Las estrellas son vuestras».
(Apenas brilla, alzándose, el argentino Sol
y la estrella chilena se levanta...) Sois ricos.
Juntáis al culto de Hércules el culto de Mammón;

y alumbrando el camino de la fácil conquista,
la Libertad levanta su antorcha en Nueva York.

Mas la América nuestra, que tenía poetas
desde los viejos tiempos de Netzahualcoyotl,
que ha guardado las huellas de los pies del gran Baco,
que el alfabeto pánico en un tiempo aprendió;
que consultó los astros, que conoció la Atlántida,
cuyo nombre nos llega resonando en Platón,
que desde los remotos momentos de su vida
vive de luz, de fuego, de perfume, de amor,
la América del gran Moctezuma, del Inca,
la América fragante de Cristóbal Colón,
la América católica, la América española,
la América en que dijo el noble Guatemoc:
«Yo no estoy en un lecho de rosas»; esa América
que tiembla de huracanes y que vive de Amor,
hombres de ojos sajones y alma bárbara, vive.
Y sueña. Y ama, y vibra; y es la hija del Sol.
Tened cuidado. ¡Vive la América española!
Hay mil cachorros sueltos del León Español.
Se necesitaría, Roosevelt, ser Dios mismo,
el Riflero terrible y el fuerte Cazador,
para poder tenernos en vuestras férreas garras.

Y, pues contáis con todo, falta una cosa: ¡Dios!

Los cisnes

A Juan Ramón Jiménez

¿Qué signo haces, oh Cisne, con tu encorvado cuello
al paso de los tristes y errantes soñadores?
¿Por qué tan silencioso de ser blanco y ser bello,
tiránico a las aguas e impasible a las flores?

Yo te saludo ahora como en versos latinos
te saludara antaño Publio Ovidio Nasón.
Los mismos ruiseñores cantan los mismos trinos,
y en diferentes lenguas es la misma canción.

A vosotros mi lengua no debe ser extraña.
A Garcilaso visteis, acaso, alguna vez...
Soy un hijo de América, soy un nieto de España...
Quevedo pudo hablaros en verso en Aranjuez...

Cisnes, los abanicos de vuestras alas frescas
den a las frentes pálidas sus caricias más puras
y alejen vuestras blancas figuras pintorescas
de nuestras mentes tristes las ideas oscuras.

Brumas septentrionales nos llenan de tristezas,
se mueren nuestras rosas, se agostan nuestras palmas,
casi no hay ilusiones para nuestras cabezas,
y somos los mendigos de nuestras pobres almas.

Nos predican la guerra con águilas feroces,
gerifaltes de antaño revienen a los puños,
mas no brillan las glorias de las antiguas hoces,

ni hay Rodrigos ni Jaimes, ni hay Alfonsos ni Nuños.

Faltos del alimento que dan las grandes cosas,
¿qué haremos los poetas sino buscar tus lagos?
A falta de laureles son muy dulces las rosas,
y a falta de victorias busquemos los halagos.

La América Española como la España entera
fija está en el Oriente de su fatal destino;
yo interrogo a la Esfinge que el porvenir espera
con la interrogación de tu cuello divino.

¿Seremos entregados a los bárbaros fieros?
¿Tantos millones de hombres hablaremos inglés?
¿Ya no hay nobles hidalgos ni bravos caballeros?
¿Callaremos ahora para llorar después?

He lanzado mi grito, Cisnes, entre vosotros,
que habéis sido los fieles en la desilusión,
mientras siento una fuga de americanos potros
y el estertor postrero de un caduco león...

...Y un Cisne negro dijo: «La noche anuncia el día».
Y uno blanco: «¡La aurora es inmortal, la aurora
es inmortal!». ¡Oh tierras de Sol y de armonía,
aun guarda la Esperanza la caja de Pandora!

Salutación al águila

Bien vengas, mágica Águila de alas enormes y fuertes,
a extender sobre el Sur tu gran sombra continental,
a traer en tus garras, anilladas de rojos brillantes,
una palma de gloria, de color de la inmensa esperanza,
y en tu pico la oliva de una vasta y fecunda paz.

Bien vengas, oh mágica Águila, que amara tanto
Walt Whitman,
quien hubiera cantado en esta olímpica gira,
Águila que has llevado tu noble y magnífico símbolo
desde el trono de Júpiter, hasta el gran continente
del Norte.

Ciertamente, has estado en las rudas conquistas del
orbe.
Ciertamente, has tenido que llevar los antiguos rayos.
Si tus alas abiertas la visión de la paz perpetúan
en tu pico y las uñas está la necesaria guerra.

¡Precisión de la fuerza! ¡Majestad adquirida del trueno!
Necesidad de abrirle al gran vientre fecundo a la tierra
para que en ella brote la concreción de oro de la espiga,
y tenga el hombre el pan con que mueve su sangre.

No es humana la paz con que sueñan ilusos profetas,
la actividad eterna hace precisa la lucha,
y desde tu etérea altura, tú contemplas, divina Águila,
la agitación combativa de nuestro globo vibrante.

Es incidencia la historia. Nuestro destino supremo
está más allá del rumbo que marcan fugaces las épocas
y Palenque y la Atlántida, no son más
que momentos soberbios
con que puntúa Dios los versos de su augusto Poema.

Muy bien llegada seas a la tierra pujante y ubérrima
sobre la cual la Cruz del Sur está, que miro Dante
cuando, siendo Mesías, impuso en su intuición
sus bajeles,
que antes que los del sumo Cristóbal supieron
nuestro cielo.

¡E, plubirus unum! ¡Gloria, victoria, trabajo!
Tráenos los secretos de las labores del Norte,
y que los hijos nuestros dejen de ser los retores latinos,
y aprendan de los yankis la constancia, el vigor
el carácter.

¡Dinos Águila ilustre, la manera de hacer multitudes
que hagan Romas y Grecias con el jugo del mundo
presente,
y que, potentes y sobrias, extiendan su luz y su imperio,
y que teniendo el Águila y el Bisonte y el Hierro y el
Oro,
tengan un áureo día para darle las gracias a Dios!

Águila, existe el Cóndor. Es tu hermano
en las grandes alturas.
Los Andes le conocen y saben que, como tú, mira al
Sol.
May this grand Union have no end, dice el poeta.

Puedan ambos juntarse, en plenitud de concordia
esfuerzo.

Águila, que conoces desde Jove hasta Zarathustra
y que tienes en los Estados Unidos monumento,
que sea tu venida fecunda para estas naciones
que el pabellón admiran constelado de bandas y
estrellas.

¡Águila que estuviste en las horas sublimes de Pathmos,
Águila prodigiosa, que te nutres de Sol y de azul,
como una cruz viviente, vuela sobre estas naciones,
y comunica al globo la victoria feliz del futuro!

Por algo eres la antigua mensajera jupiterina,
por algo has presenciado cataclismos y luchas de razas,
por algo estás presente en los sueños del Apocalipsis,
por algo eres el ave que han buscado los fuertes
imperios.

¡Salud, Águila! Extensa virtud a tus inmensos revuelos,
reina de los azures, salud! ¡Gloria!, ¡victoria y encanto!
¡Que la Latina América reciba tu mágica influencia
y que renazca nuevo Olimpo, lleno de dioses y de
héroes!

¡Adelante, siempre adelante! ¡Excélsior! ¡Vida!
¡Lumbre!
¡Que se cumpla lo prometido en los destinos terrenos,
y que vuestra obra inmensa las aprobaciones recoja
del mirar de los astros, y de lo que Hay más Allá!

A Colón

¡Desgraciado Almirante! Tu pobre América,
tu india virgen y hermosa de sangre cálida,
la perla de tus sueños, es una histérica
de convulsivos nervios y frente pálida.

Un desastroso espirítu posee tu tierra:
donde la tribu unida blandió sus mazas,
hoy se enciende entre hermanos perpetua guerra,
se hieren y destrozan las mismas razas.

Al ídolo de piedra reemplaza ahora
el ídolo de carne que se entroniza,
y cada día alumbra la blanca aurora
en los campos fraternos sangre y ceniza.

Desdeñando a los reyes nos dimos leyes
al son de los cañones y los clarines,
y hoy al favor siniestro de negros reyes
fraternizan los Judas con los Caínes.

Bebiendo la esparcida savia francesa
con nuestra boca indígena semiespañola,
día a día cantamos la Marsellesa
para acabar danzando la Carmañola.

Las ambiciones pérfidas no tienen diques,
soñadas libertades yacen deshechas.
¡Eso no hicieron nunca nuestros caciques,
a quienes las montañas daban las flechas! .

Ellos eran soberbios, leales y francos,
ceñidas las cabezas de raras plumas;
¡ojalá hubieran sido los hombres blancos
como los Atahualpas y Moctezumas!

Cuando en vientres de América cayó semilla
de la raza de hierro que fue de España,
mezcló su fuerza heroica la gran Castilla
con la fuerza del indio de la montaña.

¡Pluguiera a Dios las aguas antes intactas
no reflejaran nunca las blancas velas;
ni vieran las estrellas estupefactas
arribar a la orilla tus carabelas!

Libre como las águilas, vieran los montes
pasar los aborígenes por los boscajes,
persiguiendo los pumas y los bisontes
con el dardo certero de sus carcajes.

Que más valiera el jefe rudo y bizarro
que el soldado que en fango sus glorias finca,
que ha hecho gemir al zipa bajo su carro
o temblar las heladas momias del Inca.

La cruz que nos llevaste padece mengua;
y tras encanalladas revoluciones,
la canalla escritora mancha la lengua
que escribieron Cervantes y Calderones.

Cristo va por las calles flaco y enclenque,

Barrabás tiene esclavos y charreteras,
y en las tierras de Chibcha, Cuzco y Palenque
han visto engalonadas a las panteras.

Duelos, espantos, guerras, fiebre constante
en nuestra senda ha puesto la suerte triste:
¡Cristóforo Colombo, pobre Almirante,
ruega a Dios por el mundo que descubriste!

Huitzilopoxtli. Leyenda mexicana

Tuve que ir, hace poco tiempo, en una comisión periodística, de una ciudad frontera de los Estados Unidos, a un punto mexicano en que había un destacamento de Carranza. Allí se me dio una recomendación y un salvoconducto para penetrar en la parte de territorio dependiente de Pancho Villa, el guerrillero y caudillo militar formidable. Yo tenía que ver un amigo, teniente en las milicias revolucionarias, el cual me había ofrecido datos para mis informaciones, asegurándome que nada tendría que temer durante mi permanencia en su campo.

Hice el viaje, en automóvil, hasta un poco más allá de la línea fronteriza en compañía de mister John Perhaps, médico, y también hombre de periodismo, al servicio de diarios yanquis, y del Coronel Reguera, o mejor dicho, el Padre Reguera, uno de los hombres más raros y terribles que haya conocido en mi vida. El Padre Reguera es un antiguo fraile que, joven en tiempo de Maximiliano, imperialista, naturalmente, cambió en el tiempo de Porfirio Díaz de Emperador sin cambiar en nada de lo demás. Es un viejo fraile vasco que cree en que todo está dispuesto por la resolución divina. Sobre todo, el derecho divino del mando es para él indiscutible.

—Porfirio —dominó decía— porque Dios lo quiso. Porque así debía ser.

—¡No diga macanas! —contestaba mister Perhaps, que había estado en la Argentina.

—Pero a Porfirio le faltó la comunicación con la Divinidad... ¡Al que no respeta el misterio se lo lleva el diablo! Y Porfirio nos hizo andar sin sotana por las calles. En cambio Madero...

Aquí en México, sobre todo, se vive en un suelo que está repleto de misterio. Todos esos indios que hay no respiran otra cosa. Y el destino de la nación mexicana está todavía en poder de las primitivas divinidades de los aborígenes. En otras partes se dice: «Rascad... y aparecerá el...». Aquí no hay que rascar nada. El misterio azteca, o maya, vive en todo mexicano por mucha mezcla social que haya en su sangre, y esto en pocos.

—Coronel, ¡tome un whisky! —dijo mister Perhaps, tendiéndole su frasco de ruolz.

—Prefiero el comiteco —respondió el Padre Reguera, y me tendió un papel con sal, que sacó de un bolsón, y una cantimplora llena de licor mexicano.

Andando, andando, llegamos al extremo de un bosque, en donde oímos un grito: «¡Alto!». Nos detuvimos. No se podía pasar por ahí. Unos cuantos soldados indios, descalzos, con sus grandes sombrerones y sus rifles listos, nos detuvieron.

El Viejo Reguera parlamentó con el principal, quien conocía también al yanqui. Todo acabó bien. Tuvimos dos mulas y un caballejo para llegar al punto de nuestro destino. Hacía Luna cuando seguimos la marcha. Fuimos paso a paso. De pronto exclamé dirigiéndome al viejo Reguera:

—Reguera, ¿cómo quiere que le llame, Coronel o Padre?

—¡Como la que lo parió! —bufó el apergaminado personaje.

—Lo digo —repuse— porque tengo que preguntarle sobre cosas que a mí me preocupan bastante.

Las dos mulas iban a un trotecito regular, y solamente mister Perhaps se detenía de cuando en cuando a arreglar la cincha de su caballo, aunque lo principal era el engullimiento de su whisky.

Dejé que pasara el yanqui adelante, y luego, acercando mi caballería a la del Padre Reguera, le dije:

—Usted es un hombre valiente, práctico y antiguo. A usted le respetan y lo quieren mucho todas estas indiadas. Dígame en confianza: ¿es cierto que todavía se suelen ver aquí cosas extraordinarias, como en tiempos de la conquista?

—¡Buen diablo se lo lleve a usted! ¿Tiene tabaco?

Le di un cigarro.

—Pues le diré a usted. Desde hace muchos años conozco a estos indios como a mí mismo, y vivo entre ellos como si fuese uno de ellos. Me vine aquí muy muchacho, desde en tiempo de Maximiliano. Ya era cura y sigo siendo cura, y moriré cura.

—¿Y...?

—No se meta en eso.

—Tiene usted razón, Padre; pero sí me permitirá que me interese en su extraña vida. ¿Cómo usted ha podido ser durante tantos años sacerdote, militar, hombre que tiene una leyenda, metido por tanto tiempo entre los indios, y por último aparecer en la Revolución con Madero? ¿No se había dicho que Porfirio le había ganado a usted?

El viejo Reguera soltó una gran carcajada.

—Mientras Porfirio tuvo a Dios, todo anduvo muy bien; y eso por doña Carmen...

—¿Cómo, padre?

—Pues así... Lo que hay es que los otros dioses...

—¿Cuáles, Padre?

—Los de la tierra...

—¿Pero usted cree en ellos?

—Calla, muchacho, y tómate otro comiteco.

—Invitemos —le dije— a míster Perhaps que se ha ido ya muy delantero.

—¡Eh, Perhaps! ¡Perhaps!

No nos contestó el yanqui.

—Espere —le dije—, Padre Reguera; voy a ver si lo alcanzo.

—No vaya —me contestó mirando al fondo de la selva—. Tome su comiteco.

El alcohol azteca había puesto en mi sangre una actividad singular. A poco andar en silencio, me dijo el Padre:

—Si Madero no se hubiera dejado engañar...

—¿De los políticos?

—No, hijo; de los diablos...

—¿Cómo es eso?

—Usted sabe.

—Lo del espiritismo...

—Nada de eso. Lo que hay es que él logró ponerse en comunicación con los dioses viejos...

—¡Pero, padre...!

—Sí, muchacho, sí, y te lo digo porque, aunque yo diga misa, eso no me quita lo aprendido por todas esas regiones en tantos años... Y te advierto una cosa: con la cruz hemos hecho aquí muy poco, y por dentro y por fuera el alma y las formas de los primitivos ídolos nos vencen... Aquí no hubo suficientes cadenas cristianas para esclavizar a las divinidades de antes; y cada vez que han podido, y ahora sobre todo, esos diablos se muestran.

Mi mula dio un salto atrás toda agitada y temblorosa, quise hacerla pasar y fue imposible.

—Quieto, quieto —me dijo Reguera.

Sacó su largo cuchillo y cortó de un árbol un varejón, y luego con él dio unos cuantos golpes en el suelo.

—No se asuste —me dijo—; es una cascabel.

Y vi entonces una gran víbora que quedaba muerta a lo largo del camino. Y cuando seguimos el viaje, oí una sorda risita del cura...

—No hemos vuelto a ver al yanqui —le dije.

—No se preocupe; ya le encontraremos alguna vez.

Seguimos adelante. Hubo que pasar a través de una gran arboleda tras la cual oíase el ruido del agua en una quebrada. A poco: «¡Alto!».

—¿Otra vez? —le dije a Reguera.

—Sí —me contestó—. Estamos en el sitio más delicado que ocupan las fuerzas revolucionarias. ¡Paciencia!

Un oficial con varios soldados se adelantaron. Reguera les habló y oí contestar al oficial:

—Imposible pasar más adelante. Habrá que quedar ahí hasta el amanecer.

Escogimos para reposar un escampado bajo un gran ahuehuete.

De más decir que yo no podía dormir. Yo había terminado mi tabaco y pedí a Reguera.

—Tengo —me dijo—, pero con mariguana.

Acepté, pero con miedo, pues conozco los efectos de esa yerba embrujadora, y me puse a fumar. En seguida el cura roncaba y yo no podía dormir.

Todo era silencio en la selva, pero silencio temeroso, bajo la luz pálida de la Luna. De pronto escuché a lo lejos como un quejido largo y aullante, que luego fue un coro de aullidos. Yo ya conocía esa siniestra música de las selvas salvajes: era el aullido de los coyotes.

Me incorporé cuando sentí que los clamores se iban acercando. No me sentía bien y me acordé de la mariguana del cura. Si sería eso...

Los aullidos aumentaban. Sin despertar al viejo Reguera, tomé mi revólver y me fui hacia el lado en donde estaba el peligro.

Caminé y me interné un tanto en la floresta, hasta que vi una especie de claridad que no era la de la Luna, puesto que la claridad lunar, fuera del bosque era blanca, y ésta, dentro, era dorada. Continué internándome hasta donde escuchaba como un vago rumor de voces humanas alternando de cuando en cuando con los aullidos de los coyotes.

Avancé hasta donde me fue posible. He aquí lo que vi: un enorme ídolo de piedra, que era ídolo y altar al mismo tiempo, se alzaba en esa claridad que apenas he indicado. Imposible detallar nada. Dos cabezas de serpiente, que eran como brazos o tentáculos del bloque, se juntaban en la parte superior, sobre una especie de inmensa testa descarnada, que tenía a su alrededor una ristra de manos cortadas, sobre un collar de perlas, y debajo de eso, vi, en vida de vida, un movimiento monstruoso. Pero ante todo observé unos cuantos indios, de los mismos que nos habían servido para el acarreo de nuestros equipajes, y que silenciosos y hieráticamente daban vueltas alrededor de aquel altar viviente.

Viviente, porque fijándome bien, y recordando mis lecturas especiales, me convencí de que aquello era un altar de Teoyaomiqui, la diosa mexicana de la muerte. En aquella piedra se agitaban serpientes vivas, y adquiría el espectáculo una actualidad espantable.

Me adelanté. Sin aullar, en un silencio fatal, llegó una tropa de coyotes y rodeó el altar misterioso. Noté que las serpientes, aglomeradas, se agitaban; y al pie del bloque ofídico, un cuerpo se movía, el cuerpo de un hombre Mister Perhaps estaba allí.

Tras un tronco de árbol yo estaba en mi pavoroso silencio. Creí padecer una alucinación; pero lo que en realidad había era aquel gran círculo que formaban esos lobos de América, esos aullantes coyotes más fatídicos que los lobos de Europa.

Al día siguiente, cuando llegamos al campamento, hubo que llamar al médico para mí.

Pregunté por el Padre Reguera.

—El Coronel Reguera —me dijo la persona que estaba cerca de mí— está en este momento ocupado. Le faltan tres por fusilar.

Fin

Autobiografía. Fragmento

Enseguida tomé el vapor para Nueva York.

Me hospedé en un hotel español, llamado el hotel América; y de allí se esparció en la colonia hispanoamericana de la imperial ciudad la noticia de mi llegada. Fue el primero en visitarme un joven cubano, verboso y cordial, de tupidos cabellos negros, ojos vivos y penetrantes y trato caballeroso y comunicativo. Se llamaba Gonzalo de Quesada, y es hoy ministro de Cuba en Berlín. Su larga actuación panamericana es harto conocida. Me dijo que la colonia cubana me preparaba un banquete que se verificaría en casa del famoso restaurateur Martí y que el «Maestro» deseaba verme cuanto antes. El maestro era José Martí que se encontraba en esos momentos en lo más arduo de su labor revolucionaria. Agregó asimismo Gonzalo, que Martí me esperaba esa noche en Harmand Hall, en donde tenía que pronunciar un discurso ante una asamblea de cubanos, para que fuéramos a verle juntos. Yo admiraba altamente el vigor general de aquel escritor único, a quien había conocido por aquellas formidables y líricas correspondencias que enviaba a diarios hispanoamericanos, como La Opinión Nacional, de Caracas, El Partido Liberal, de México, y, sobre todo, La Nación, de Buenos Aires. Escribía una prosa profusa, llena de vitalidad y de color, de plasticidad y de música. Se transparentaba el cultivo de los clásicos españoles y el conocimiento de todas las literaturas antiguas y modernas; y, sobre todo, el espíritu de un alto y maravilloso poeta. Fui puntual a la cita, y en los comienzos de la noche entraba en compañía de Gonzalo de Quesada por una de las puertas laterales del edificio en donde debía hablar el gran combatiente. Pasamos por un pasadizo sombrío; y, de pronto, en un cuarto lleno de luz, me encontré entre los brazos de un hombre pequeño de cuerpo, rostro de iluminado, voz dulce y dominadora al mismo tiempo y que me decía esta única palabra:

«¡Hijo!»

Era la hora ya de aparecer ante el público, y me dijo que yo debía acompañarle en la mesa directiva; y cuando me di cuenta, después de una rápida presentación a algunas personas, me encontré con ellas y con Martí en un estrado, frente al numeroso público que me saludaba con una aplauso simpático. ¡Y yo pensaba en lo que diría el gobierno colombiano, de su cónsul general sentado en público, en una mesa directiva revolucionaria antiespañola! Martí tenía esa noche que defenderse. Había sido acusado, no tengo presente ya si de negligencia, o de precipitación, en no sé cuál movimiento de invasión a Cuba. Es el caso, que el núcleo de la colonia le era en aquellos momentos contrario; mas aquel orador sorprendente tenía recursos extraordinarios, y aprovechando mi presencia, simpática para los cubanos que conocían al poeta, hizo de mí una presentación ornada de las mejores galas de su estilo. Los aplausos vinieron entusiásticos, y él aprovechó el instante para sincerarse y defenderse de las sabidas acusaciones, y como ya tenía ganado al público, y como pronunció en aquella ocasión uno de los más hermosos discursos de su vida, el éxito fue completo y aquel auditorio antes hostil, le aclamó vibrante y prolongadamente.

Concluido el discurso, salimos a la calle. No bien habíamos andado algunos pasos, cuando oí que alguien le llamaba:

—¡Don José! ¡Don José!

Era un negro obrero que se le acercaba humilde y cariñoso.

—Aquí le traigo este recuerdito —le dijo.

Y le entregó una lapicera de plata.

—Vea usted —me observó Martí—, el cariño de esos pobres negros cigarreros. Ellos se dan cuenta de lo que sufro y lucho por la libertad de nuestra pobre patria.

Luego fuimos a tomar el té a casa de una su amiga, dama inteligente y afectuosa, que le ayudaba mucho en sus trabajos de revolucionario.

Allí escuché por largo tiempo su conversación. Nunca he encontrado, ni en Castelar mismo, un conversador tan admirable. Era armonioso y familiar, dotado de una prodigiosa memoria, y ágil y pronto para la cita, para la reminiscencia, para el dato, para la imagen. Pasé con él momentos inolvidables, luego me despedí. Él tenía que partir esta misma noche para Tampa, con objeto de arreglar no sé qué preciosas disposiciones de organización. No le volví a ver más.

Como él no pudo presidir el banquete que debían de darme los cubanos, delegó su representación en el general venezolano Nicanor Bolet Peraza, escritor y orador diserto y elocuente. Al banquete asistieron muchos cubanos preeminentes, entre ellos Benjamín Guerra, Ponce de León, el doctor Miranda y otros. Bolet Peraza pronunció una bella arenga y Gonzalo de Quesada una de sus resonantes y ardorosas oraciones. Al día siguiente tomamos el tren Gonzalo y yo, pues mi deseo era conocer la catarata de Niágara, antes de partir para París y Buenos Aires. Mi impresión ante la maravilla confieso que fue menor de lo que hubiera podido imaginar. Aunque el portento se impone, la mente se representa con creces lo que en realidad no tiene tan fantásticas proporciones. Sin embargo, me sentí conmovido ante el prodigio natural, y no dejé de recordar los versos de José María de Heredia, el de castellana lengua.

Retornamos a Nueva York y tomé el vapor para Francia.

Libros a la carta

A la carta es un servicio especializado para
empresas,
librerías,
bibliotecas,
editoriales
y centros de enseñanza;
y permite confeccionar libros que, por su formato y concepción, sirven a los propósitos más específicos de estas instituciones.

Las empresas nos encargan ediciones personalizadas para marketing editorial o para regalos institucionales. Y los interesados solicitan, a título personal, ediciones antiguas, o no disponibles en el mercado; y las acompañan con notas y comentarios críticos.

Las ediciones tienen como apoyo un libro de estilo con todo tipo de referencias sobre los criterios de tratamiento tipográfico aplicados a nuestros libros que puede ser consultado en Linkgua-edicion.com.

Linkgua edita por encargo diferentes versiones de una misma obra con distintos tratamientos ortotipográficos (actualizaciones de carácter divulgativo de un clásico, o versiones estrictamente fieles a la edición original de referencia).

Este servicio de ediciones a la carta le permitirá, si usted se dedica a la enseñanza, tener una forma de hacer pública su interpretación de un texto y, sobre una versión digitalizada «base», usted podrá introducir interpretaciones del texto fuente. Es un tópico que los profesores denuncien en clase los desmanes de una edición, o vayan comentando errores de interpretación de un texto y esta es una solución útil a esa necesidad del mundo académico.

Asimismo publicamos de manera sistemática, en un mismo catálogo, tesis doctorales y actas de congresos académicos, que son distribuidas a través de nuestra Web.

El servicio de «libros a la carta» funciona de dos formas.

1. Tenemos un fondo de libros digitalizados que usted puede personalizar en tiradas de al menos cinco ejemplares. Estas personalizaciones pueden ser de todo tipo: añadir notas de clase para uso de un grupo de estudiantes, introducir logos corporativos para uso con fines de marketing empresarial, etc. etc.

2. Buscamos libros descatalogados de otras editoriales y los reeditamos en tiradas cortas a petición de un cliente.

www.ingramcontent.com/pod-product-compliance
Lightning Source LLC
La Vergne TN
LVHW101933220826

846093LV00009B/453

* 9 7 8 8 4 1 1 2 6 7 8 7 8 *